Dhyan Purnima & Deva Raj

Reiki ohne Lehrer

Selbsteinweihung und Praxis

1. Auflage Juni 1998

© Satori-Verlag

Postfach 10 07 07

93007 Regensburg

Tel. 09 41 / 79 38 42

Fax. 09 41 / 79 49 10

eMail weigi@t-online.de

ISBN 3-89758-010-1

Dhyan Purnima & Deva Raj

Reiki ohne Lehrer

Selbsteinweihung und Praxis

Dieses Buch ist **Serge Goldberg**, gewidmet.

Aufgeschrieben von

Dhyan Purnima & Deva Raj

Titelaquarell von Stine

Die in diesem Buch aufgeführten Hinweise und Ratschläge ersetzen keine ärztliche Behandlung, noch kann eine Garantie oder Haftung vom Autor oder vom Verlag übernommen werden.

Inhaltsverzeichnis

Wieso wir alles veröffentlichen 6

Dai Komio 9
Die große Einweihung 14
Handauflegen bei uns selbst 39
Handauflegen bei anderen 50
Die Helfer des Dai Komio 62
   CHOKU REI 62
   SEI HEKI 64
   HON SHA ZE SHO NEN 66

Wieso wir alles veröffentlichen

Viele von Euch werden sich fragen, was unsere Beweggründe sind, die bislang geheime Reiki-Einweihung zu veröffentlichen.

Wir leben in einer Zeit, in der alle Traditionen ihre Geheimnisse aufdecken. Sie decken ihre Geheimnisse auf, weil wir alle mündig und erwachsen genug geworden sind. Ein mündiger und erwachsener Mensch hat das An-Recht darauf, zu wissen, was mit ihm gemacht wird, denn man kann ihm nicht mehr sagen: das verstehst du noch nicht, dafür bist du noch zu klein ...

In unserer aufregenden Zeit, die sich von kleinlicher Macht und Mystizismus fortbewegt, hin zum freudig miteinander Teilen und zur Selbsthilfe, ist es unerläßlich alles offenzulegen. Diese Veröffentlichungen entspringen also gerade aus dem tiefen Respekt vor Reiki und aus dem Verständnis, wie immens wichtig Reiki für die Menschheit ist.

Die energetischen, esoterischen Wissenschaften können nur dann ihren Platz als Medizin der Zukunft einnehmen, wenn sie für jedermann nachvollziehbar sind.

Dann erst können wir uns bedenkenlos Reiki-Lehrern anvertrauen.

Reiki kann erst dann erblühen und Früchte tragen, wenn es bedingungslos offenbart ist.

Unsere ehemaligen Studenten haben auf unsere Anregung hin mit den Bestsellern 'Das Herz des Reiki' und 'Reiki Feuer' die Öffnung des Reiki für jedermann angestoßen und vorbereitet.

Jetzt ist die Zeit des großen Teilens gekommen.

„Der Herr segne Dich und behüte Dich..."

(aus dem Aaronitischen Segen)

Liebe Mitreisende,

Reiki hat eine lange Geschichte hinter sich. Mit Bodhidharma, dem ersten Patriarchen des Zen gelangte es über Tibet nach China. Wanderte über Generationen nach Japan, um schließlich in diesem Jahrhundert sich auf der ganzen Welt auszubreiten.

Gab es Anfang des Jahrhunderts erst wenige Reiki-Praktizierende, sind es jetzt schon Abertausende und zur Zeitenwende wünschen wir jedem Menschen dieses göttlich einfache Vergnügen.

Reiki ist schon jetzt neben Yoga und Tai Chi, die wohl populärste Entspannungsmethode. Leider wurden bis jetzt die Einweihungsrituale streng geheim gehalten und die Methode teuer verkauft.

Wir eröffnen Euch die Möglichkeit Euch ohne kostspielige Kurse gegenseitig einzuweihen, wie es uns Serge Goldberg in Dharmsala, der malerischen Residenz des Dalai Lama in Nordindien, beibrachte. Der fast achtzigjährige, weißhaarige Serge hatte das ursprüngliche Reiki schon in den vierziger Jahren von seinem Zen-Meister gezeigt bekommen und enthüllte uns die Kunst der Selbsteinweihung und der gesamten Reiki-Praxis, unter der Bedingung, dies zu veröffentlichen.

Die Einweihung und die Mantren waren identisch mit dem, was in der heutigen Reiki-Szene von sogenannten Reiki-"Meistern" für teures Geld verkauft wird. Einige der Reiki-Vereine benutzen absurd komplizierte Rituale, die mittlerweile in einigen Büchern veröffentlicht sind, aber durch eben ihre aberwitzige Kompliziertheit für die Wenigsten nachvollziehbar sind.

Hier hingegen wird das ursprüngliche, von jedem praktizierbare, ganz einfache Zen-Einweihungsritual des Reiki zum ersten Mal veröffentlicht.

Sich des Flusses der Lebensenergie wieder zu erinnern, bedarf es nur, daß Ihr Euch traut und Euch gegenseitig einweiht! Kein Brimborium, kein krampfhaftes Visualisieren von Bedeutungslosigkeiten. Zenmäßig einfach laßt Ihr das Meister-Mantra „Dai Komio" seine Arbeit tun.

DAI KOMIO

DAI KOMIO, das stärkste Mantra dieser Welt zu Anrufung des göttlichen Lichts, ist das Meister-Mantra des Reiki. Es verbindet uns wieder mit unserem göttlichem Ursprung, es berührt unsere Herzen, macht uns fließend und frei. DAI KOMIO ist das Herz des Reiki.

Im eher meditationsorientierten China und Japan gruppierte sich die Reiki-Praxis viele Jahrhunderte lang um das Meistermantra DAI KOMIO; um Meditation, Frieden im Herzen, unbeschwertes Fließen zu fördern. Handauflegen ergab sich daraus von selbst. Danach wurden die Helfermantren gelehrt, um Defizite, wie unvollständige Erdung, Stauungen und Disharmonien in den Chakren auszugleichen und sich wieder mit der Umwelt zu verbinden.

In Europa und Amerika wurde seit Mitte der 70er Jahre alles umgedreht. Die Zentralität des DAI KOMIO wurde verschwiegen, es degenerierte zum geheimen Einweihungsmantra einer kleinen New-Age Priesterkaste. Willkürlich wurden die Reiki-Grade gebildet. Aus der wunderschönen Meditationspraxis entwickelte sich eine recht fragwürdige Angelegenheit und ein Multi Million Dollar Business. In den Vordergrund wurde das Handauflegen gestellt, die Kraft dazu sollte durch „Meister" übertragen werden. Die Kraft liegt aber immer und ganz allein beim DAI KOMIO und einem kleinen einfachen Ritual, das von jedermann ausgeführt werden kann.

Jetzt ist es Zeit, das Pferd wieder am richtigen Ende aufzuzäumen!

Es gibt im Zen-Reiki keine Reiki-Grade!

Zuerst kommt die Meditation mit DAI KOMIO. Dann das miteinander Erleben dieser Freude und schließlich der Gebrauch der drei Helfermantren.

Reiki sollte an Volkshochschulen und Schulen praktiziert werden, im Familien- und Freundeskreis. Nur wenn Ihr unbedingt meint es zu brauchen, kann es auch von einem demütigen Reiki-Lehrer gelehrt werden.

Das DAI KOMIO aktiviert sich, wenn wir es in Gedanken lautlos mindestens drei mal dreimal sagen und uns dabei auf unser Herzchakra konzentrieren. „DAI KOMIO" wird Dai-Koh-Mie-Oh ausgesprochen.

DAI KOMIO; DAI KOMIO; DAI KOMIO
DAI KOMIO; DAI KOMIO; DAI KOMIO
DAI KOMIO; DAI KOMIO; DAI KOMIO

Also setz Dich entsprechend hin, die Füße parallel zueinander auf den Boden,

öffne die Hände nach oben hin

und sprich in Gedanken das Mantra, so wie Du es gerade gelesen hast.

Wiederhole das Rezitieren des Mantras mehrere Male.

Ist es nicht wunderbar, wieder in der Liebe zu sein ...

Dai-Komio - Kalligraphie

Praktiziere dieses Gebet, denn nichts anderes ist ja das Rezitieren von DAI KOMIO, die nächsten drei Tage jeweils morgens und abends.

Dies ist die erste Stufe der Einweihung.

Einer Deiner Freunde hat ebenfalls, so wie Du drei Tage praktiziert und Ihr werdet Euch treffen, um Euch gegenseitig die vollständige Einweihung zu geben.

Die große Einweihung

Du hast vielleicht die Kalligraphie des DAI KOMIO schon kopiert und vergrößert.

Dann hast Du die Vergrößerung zwischen die Hände genommen, in Gedanken neunmal DAI KOMIO gesagt und sie so aktiviert.

Wenn Du sie einrahmst und aufhängst, strahlen Licht und Liebe durch Deine Wohnung.

Jetzt kommt der Freund und Ihr könnt beginnen.

Setzt Euch in ca. 2 Meter Abstand gegenüber und praktiziert für ca. 5 Minuten DAI KOMIO.

Dann stehst Du auf, stellst Dich hinter Deinen Freund, der entspannt auf dem Stuhl sitzt, die nach oben geöffneten Hände locker auf den Knien ruhen läßt und die Augen geschlossen hat.

Du verneigst Dich mit gefalteten Händen hinter ihm, wobei Du neunmal in Gedanken DAI KOMIO rezitierst.

Gehe jetzt näher an Deinen Reiki-Freund heran, lege behutsam und liebevoll Deine rechte Hand auf seinen Scheitel und halte Deine linke Hand in etwa 10 cm Entfernung darüber.

Rezitiere neunmal DAI KOMIO und fühle, wie es durch Dich in ihn hinein fließt.

Dieser Schritt der Großen Einweihung, wie auch alle folgenden dauert ca. 30 Sekunden bis 1 Minute, ganz nach Deinem Gefühl.

Falls Deine Hände ein paar Zentimeter vorher anhalten, bevor sie Deinen Freund berühren, so hat das seine Richtigkeit. Vertrau Deinem Gefühl!

Langsam und liebevoll löst sich Deine Hand vom Scheitel des Freundes und ebenso langsam gehst Du in die nächste Position der Einweihung, wobei Deine Daumen sich am Rücken in Höhe des 4./5. Brustwirbels berühren und die übrigen Finger im Bereich der Schulterblätter ruhen. Wiederum rezitierst Du neunmal DAI KOMIO und fühlst, wie es durch Dich in ihn hineinfließt.

Jetzt gehst Du an die linke Seite des Freundes und legst Deine linke Hand auf seine Stirn und die Rechte sanft auf seinen Hinterkopf. Und gibst, wie auch bei allen folgenden Positionen neunmal DAI KOMIO ein.

Als nächstes kniest Du vor ihm und legst Deine Handflächen auf seine Fußrücken.

Dann erhebst Du Dich und hältst Deine Handflächen in kleinem Abstand über seine Handflächen, den Fluß und die Wohltat der Lebensenergie genießend.

Im nächsten Schritt hauchst Du der Einweihung das Leben ein, indem Du unserem Freund sanft auf Hara, Herzchakra und über den Scheitel pustest.

Darauf trittst Du, weiterhin im Uhrzeigersinn fortschreitend hinter ihn. Aus etwa einem Meter Abstand richtest Du Deine Handflächen auf ihn, verbunden mit dem Rezitieren des DAI KOMIO und verneigst Dich zum Abschluß hinter ihm mit den Worten: „Im Namen des Vaters, des Sohnes und des heiligen Geistes. Amen." Oder falls es Dir mehr zusagt:" Im Namen der Liebe. Amen.", oder: "Im Namen des Lichtes. Amen."

Jetzt gibst Du das Schlußzeichen mit einem Glöckchen, einer Klangschale oder ähnlichem und genießt Reiki, bis der Freund die Augen aufmacht und aufsteht.

Jetzt bist Du an der Reihe eingeweiht und verwöhnt zu werden.

Die Große Einweihung wiederholt ihr wechselseitig in den nächsten Stunden, so daß jeder von Euch dreimal empfangen und dreimal gegeben hat.

Von nun an steht Euch die Welt des Reiki offen und die Reiki-Kraft wird Euch Euer ganzes Leben hindurch begleiten!

Das Reiki-Ritual bewirkt auf unerklärlicher Weise, daß wir zu Lebensenergie"wasserhähnen" werden. Das heißt, wann immer Du Dich jetzt selbst oder einen anderen Menschen berührst, die Hände auflegst, fließt nie versiegende Lebensenergie durch Dich hindurch und erfrischt und entspannt Dich selbst und den anderen.

Auf den folgenden Seiten sind die einzelnen Schritte der Großen Einweihung abgebildet.

Du verneigst Dich mit gefalteten Händen hinter Deinem Freund, wobei Du neunmal in Gedanken DAI KOMIO rezitierst.

Gehe jetzt näher an Deinen Freund heran, lege behutsam und liebevoll Deine rechte Hand auf seinen Scheitel und halte Deine linke Hand in etwa 10 cm Entfernung darüber.
Rezitiere neunmal DAI KOMIO und fühle, wie es durch Dich in ihn hineinfließt.

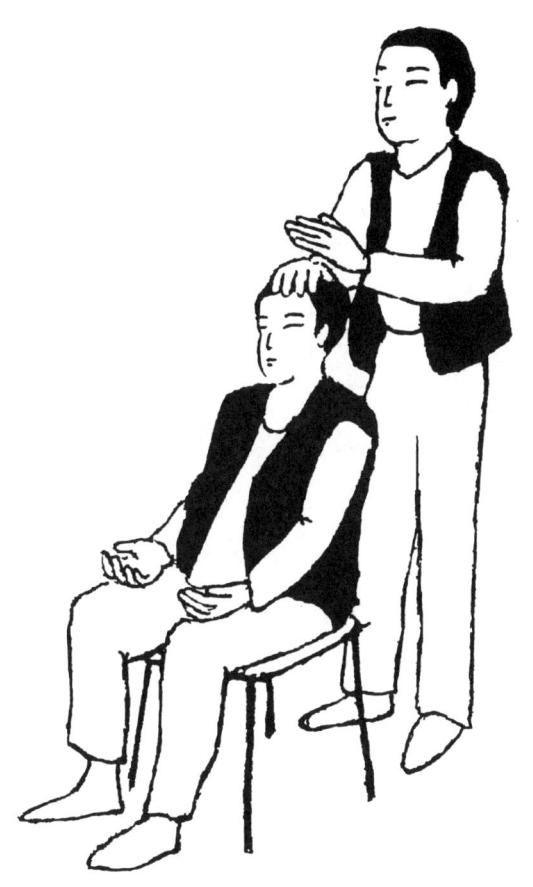

Bei der nächsten Position der Einweihung berühren Deine Daumen den Rücken in Höhe des 4./5. Brustwirbels und die übrigen Finger ruhen im Bereich der Schulterblätter.

Wiederum rezitierst Du neunmal DAI KOMIO und fühlst, wie es durch Dich in ihn hineinfließt.

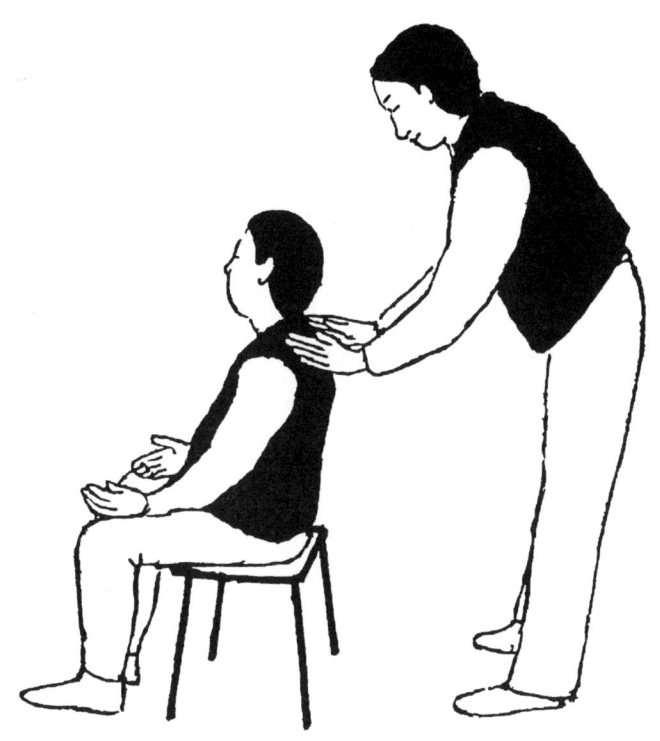

Jetzt gehst Du an die linke Seite des Freundes und legst Deine linke Hand auf seine Stirn und die Rechte sanft auf seinen Hinterkopf.

Und gibst wiederum neunmal DAI KOMIO ein.

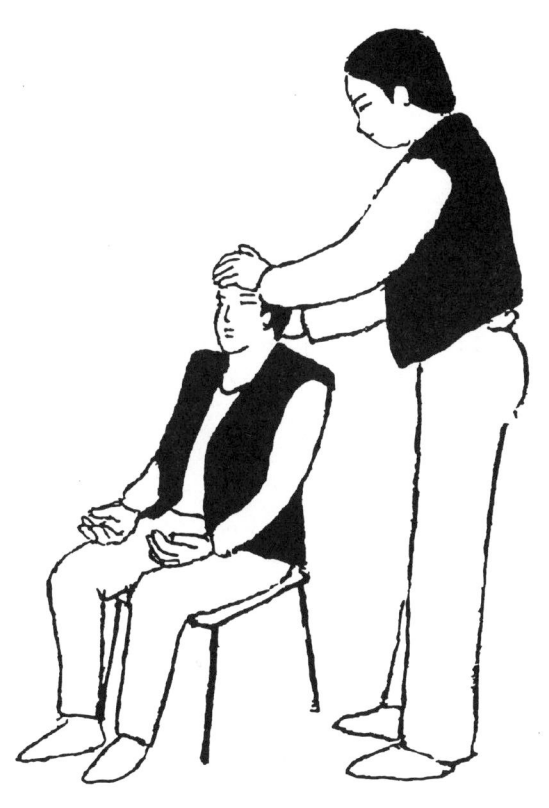

Als nächstes kniest Du vor ihm und legst Deine Handflächen auf seine Füße.

Dann rezitierst Du in Gedanken wiederum neunmal DAI KOMIO und spürst, wie es durch Dich in ihn hineinfließt.

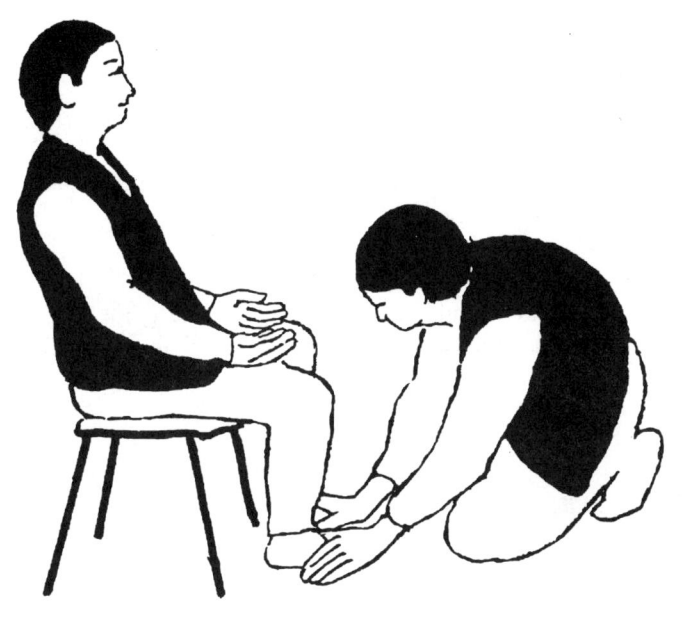

Dann erhebst Du Dich und hältst Deine Handflächen in kleinem Abstand über seine Handflächen.

Rezitiere in Gedanken neunmal DAI KOMIO und genieße den Fluß und die Wohltat der Lebensenergie, die durch Dich in ihn hineinfließt.

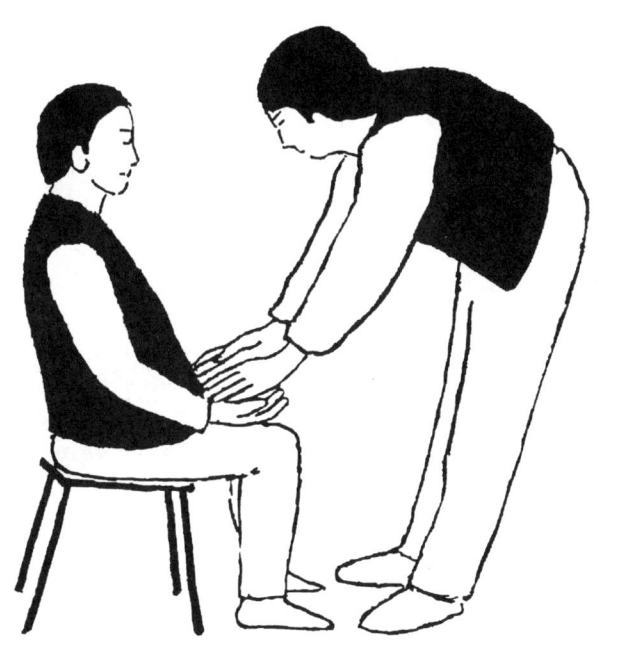

Im nächsten Schritt hauchst Du der Einweihung das Leben ein, indem Du Deinem Freund sanft auf

das Hara

pustest,

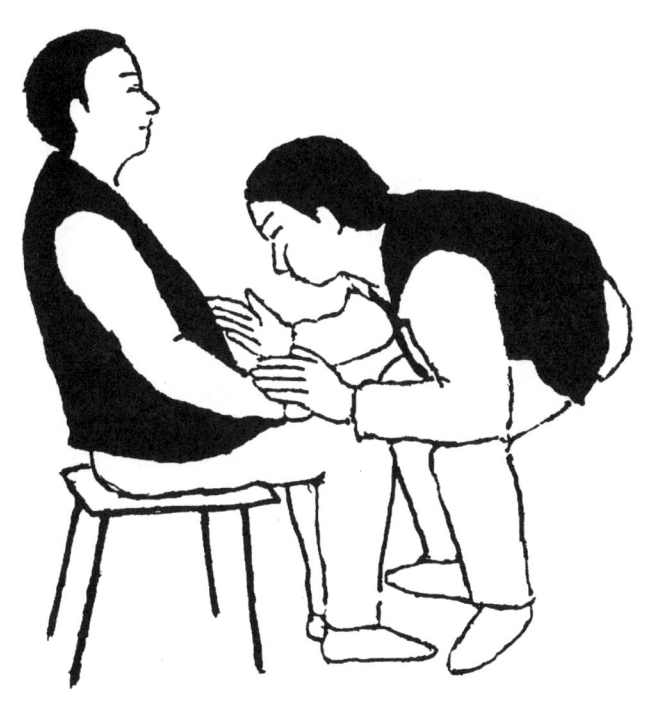

sanft auf

das Herzchakra

pustest,

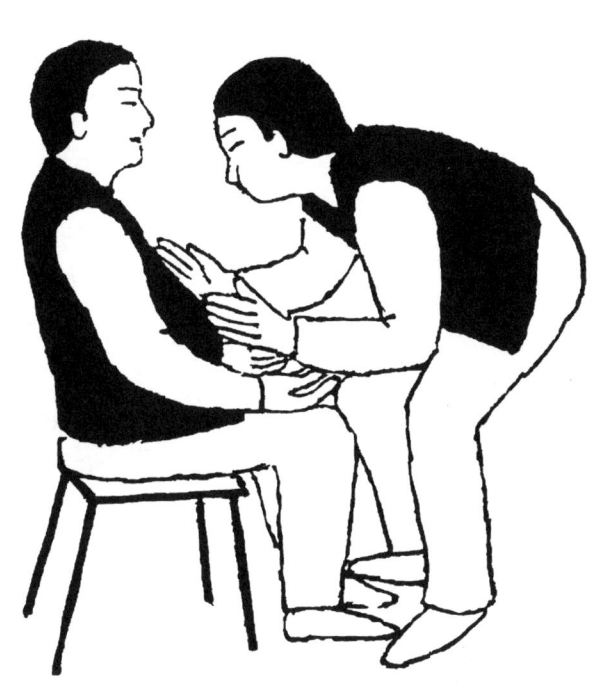

und sanft über

den Scheitel

pustest.

Daraufhin trittst Du, weiterhin im Urzeigersinn fortschreitend hinter ihn. Aus etwa einem Meter Entfernung richtest Du Deine Handflächen auf ihn, und rezitierst in Gedanken neunmal DAI KOMIO.

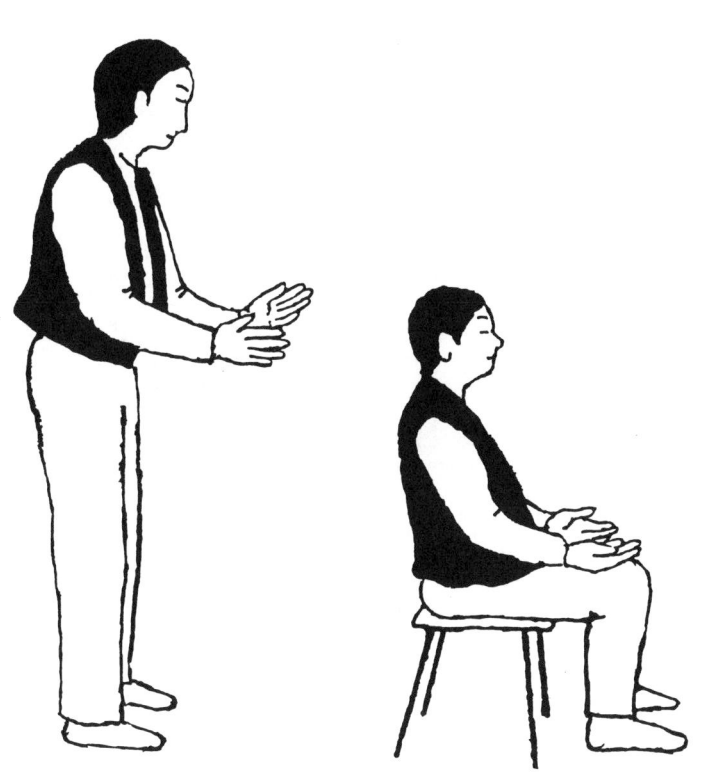

Zum Abschluß verneigst Du Dich hinter ihm mit den Worten:
„Im Namen des Vaters, des Sohnes und des Heiligen Geistes. Amen"

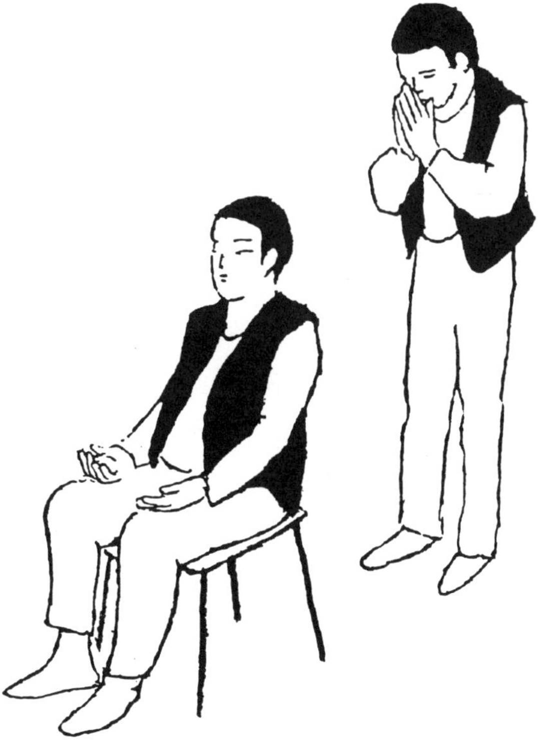

Handauflegen bei uns selbst

Reiki fühlen und leben heißt sich berühren und sich verbinden. Dies tun wir, indem wir uns oder anderen die Hände auflegen. Laß uns, lieber Reiki-Freund, zuerst bei uns selbst beginnen. Und das täglich zweimal 10 Minuten, und gerade dann, wenn es Dir besonders gut geht.

Setz Dich bequem hin, mit den Füßen auf den Boden, hebe Deine Arme, öffne die Hände nach oben und rezitiere neunmal in Gedanken DAI KOMIO.

Jetzt legst Du Deine Handflächen entweder in kleinem Abstand oder direkt auf Dein Gesicht.

Dann nebeneinander auf Deine Brust, so daß sich Deine Mittelfinger berühren.

Dann auf dieselbe Art in Höhe des Bauchnabels.

Zum Abschluß legst Du Deine Hände mit den Handflächen nach oben auf die Knie, indem Du entweder DAI KOMIO rezitierst oder „Dein Wille geschehe".

Auf den folgenden Seiten sind die einzelnen Positionen des Handauflegens bei Dir selbst abgebildet.

Wende pro Position eine Minute oder länger auf.

Vertrau auf Dich und verändere kreativ die Positionen, so wie es Dir wohltut!

Falls Deine Hände vor der Berührung Deines Körpers von allein anhalten, vertraue Deinen Händen, denn sie wissen was sie tun!

Lieber Freund, genieße bitte die Wohltat der Eigenbehandlung und lasse sie in Deinen Alltag einfließen und sich ausbreiten, so daß jede Deiner Bewegungen ein Strömen und Fließen wird.

Setz Dich bequem hin, mit den Füßen auf den Boden, hebe Deine Arme, öffne die Hände und rezitiere in Gedanken neunmal DAI KO-MIO.

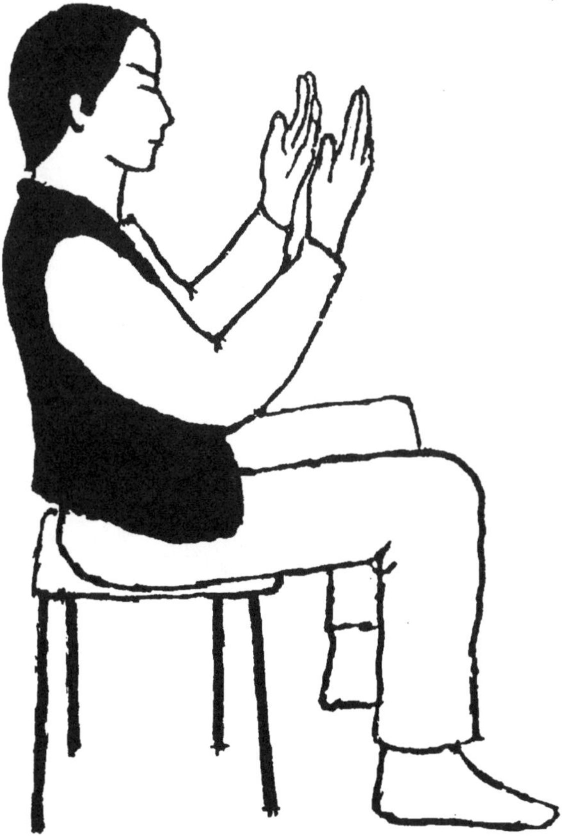

Jetzt legst Du Deine Hände in kleinem Abstand oder direkt auf Dein Gesicht.

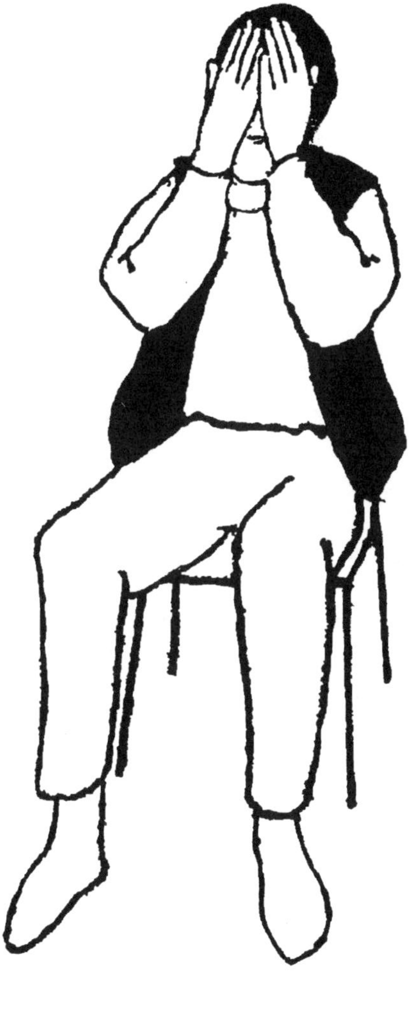

Dann nebeneinander auf Deine Brust, so daß sich Deine Mittelfinger berühren.

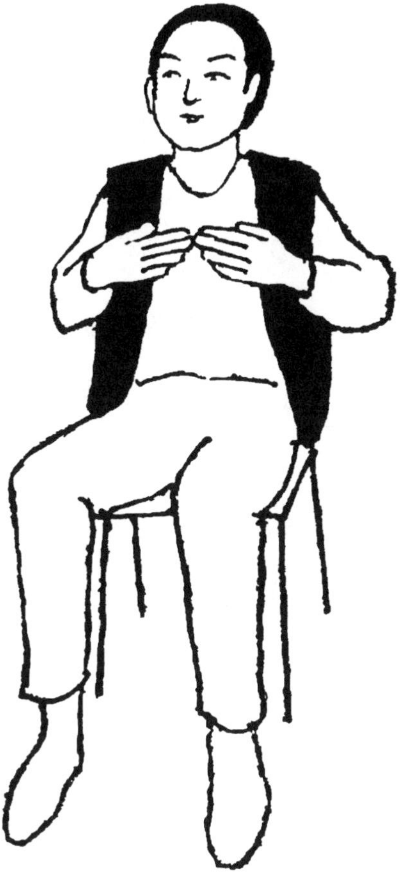

Dann auf dieselbe Art in Höhe Deines Bauchnabels.

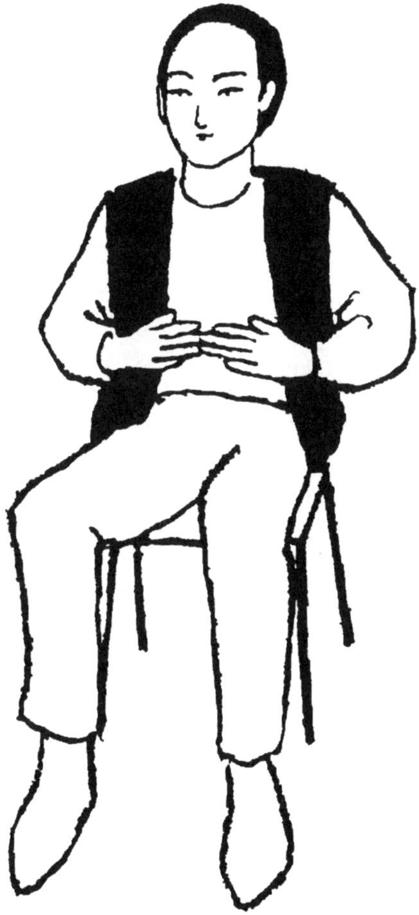

Zum Abschluß legst Du Deine Hände mit den Handflächen nach oben auf die Knie und rezitierst in Gedanken DAI KOMIO.

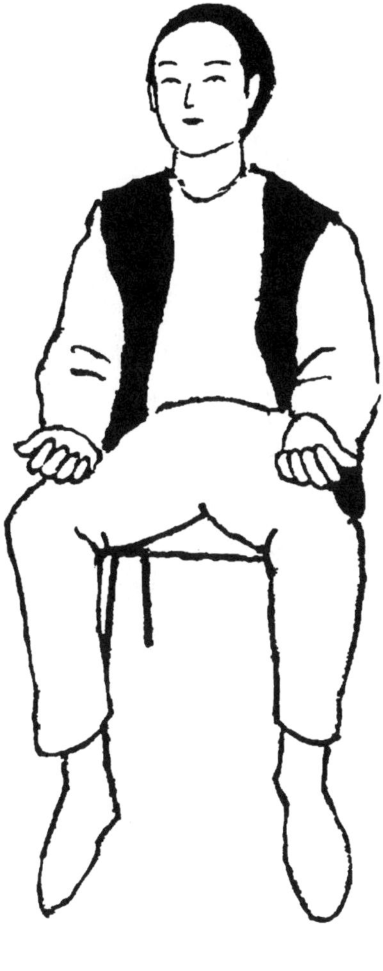

Handauflegen bei anderen

Was dich erfüllt, teils Du selbstverständlich auch mit Deinen Freunden, sofern sie den Wunsch danach verspüren.

Indem Du Reiki gibst, empfängst Du, indem Du absichtslos empfängst. gibst Du.

Du sitzt auf der linken, der rezeptiven Seite Deines Reiki-Freundes. Eure Füße stehen fest auf dem Boden.

Die Hände des Empfangenden ruhen mit den Handflächen nach oben auf seinen Knien. Ihr schließt die Augen und genießt die Stille.

Dann hebst Du Deine Hände mit den Handflächen nach oben und betest DAI KOMIO.

Als nächstes stehst Du auf, stellst Dich vor Deinen Freund und hältst Deine Hände in kleinem Abstand über seinen Scheitel, bewegst sie dann langsam über die Ohren zur Kehle und zurück zum Scheitel. Dies wiederholst Du ein paarmal und läßt Dich im Bewegen und Verweilen ganz von Deinen Händen leiten. Gib Dich dem Entzücken der Kehle und der Majestät des Scheitels hin.

Wir nennen dies den „Heiligenschein" machen.

Dann setzt Du Dich wieder an seine linke Seite und legst Deine rechte Hand auf den Bereich seiner Lendenwirbel. Deine linke Hand legt sich ganz von selbst im Fluß des Lebens auf Scheitel, Stirn, Herz, Bauch oder Knie des Empfangenden.

Vielleicht geht Deine rechte Hand nach einer Weile hoch in den Brust- und Nackenwirbelbereich.

Vertrau Deinen Händen, wie ein Kind!

Auf den folgenden Seiten sind Positionsvorschläge abgebildet.

Je nach Euer Vorliebe kann eine Behandlung zwischen 10 und 30 Minuten dauern.

Du kannst Dir selbst und anderen, falls erforderlich, auch im Liegen die Hände auflegen.

Du sitzt auf der linken, der rezeptiven Seite Deines Reiki-Freundes.

Eure Füße stehen fest auf dem Boden.

Die Hände des Empfängers ruhen mit den Handflächen nach oben auf seinen Knien.

Eure Augen sind geschlossen.

Dann hebst Du Deine Hände, mit den Handflächen nach oben und betest DAI KOMIO.

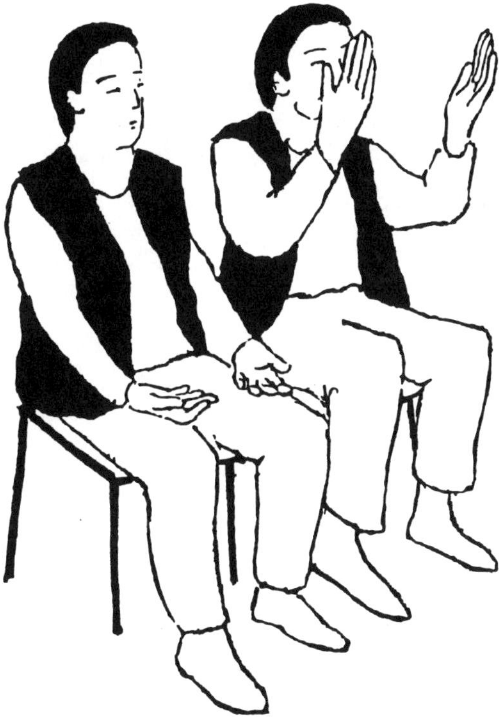

Dann stehst Du auf, stellst Dich vor Deinen Freund und hältst Deine Hände in kleinem Abstand über seinen Scheitel, bewegst sie langsam an den Ohren vorbei zur Kehle und wieder zurück zum Scheitel.

Dies wiederholst Du mehrmals.

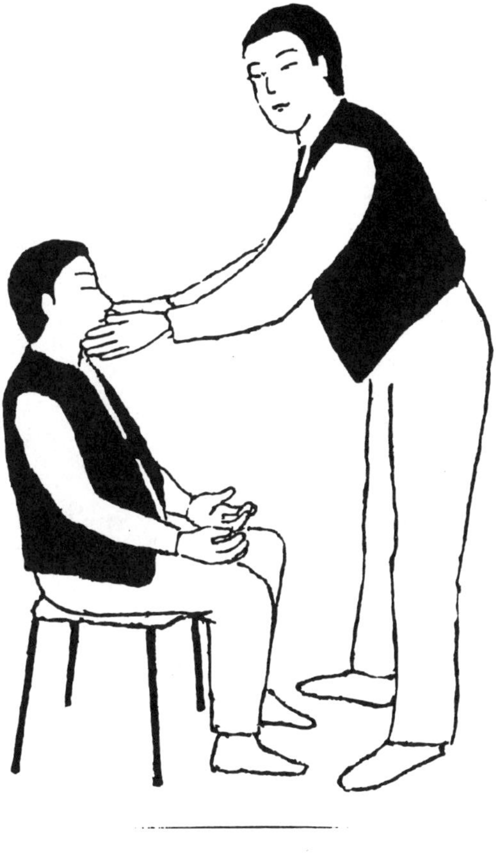

Jetzt setzt Du Dich wieder an seine linke Seite und legst die rechte Hand auf den Bereich seiner Lendenwirbel.

Deine linke Hand legt sich sanft auf seine Stirn.

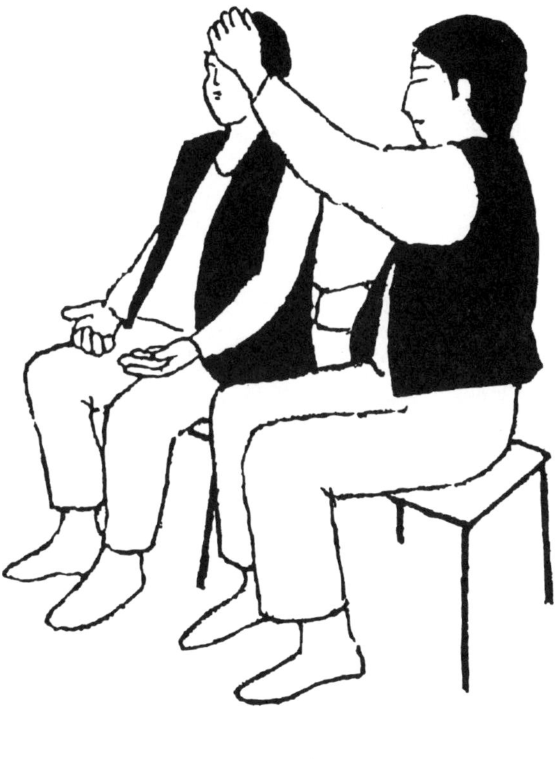

Deine rechte Hand ruht auf seinen Lendenwirbeln, die linke Hand auf seinem Bauchnabel.

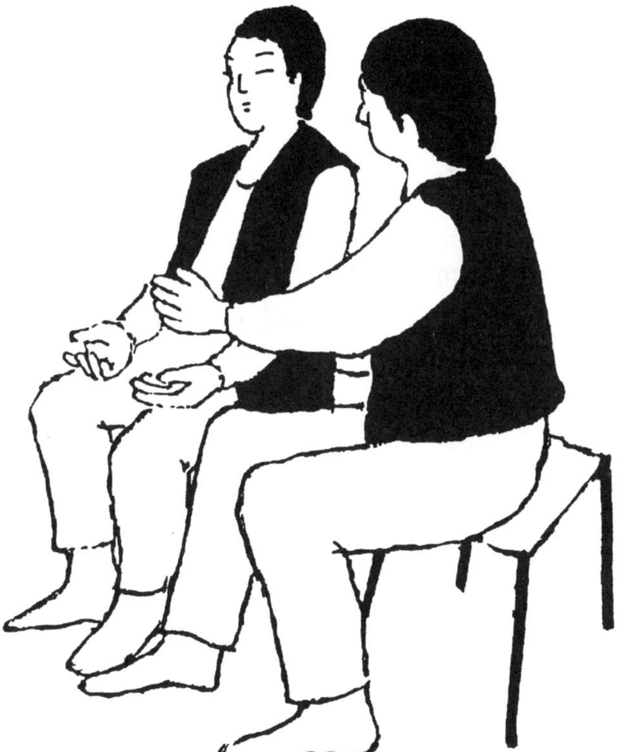

Deine rechte Hand ruht nun auf den Nackenwirbeln und Deine linke Hand sanft auf dem Bauch.

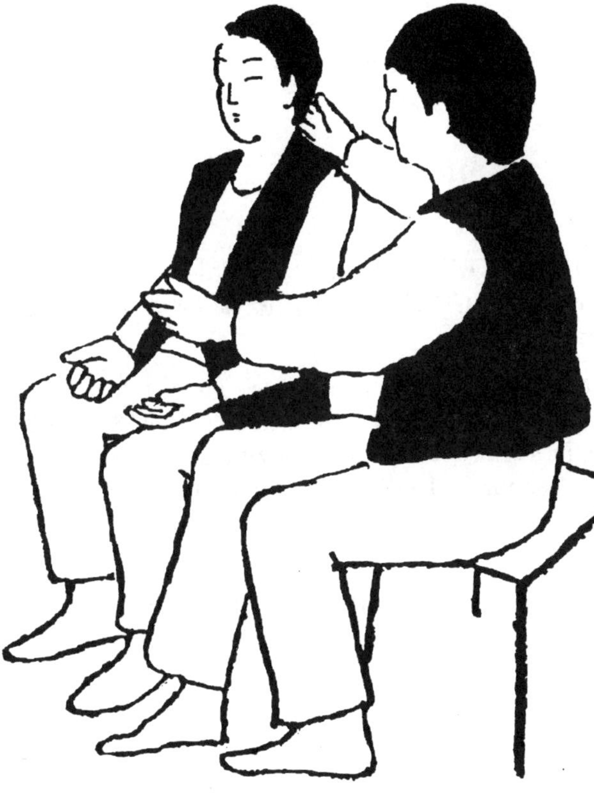

„Am Anfang war das Wort"

(Genesis)

Die Helfer des DAI KOMIO

Ist es nicht wunderbar, lebendig und fließend unseren blauen Erdenplaneten zu genießen, lieber Freund?

Um diesen Genuß noch zu erhöhen, möchten wir Dir jetzt die drei anderen Reiki-Mantren vorstellen, die Helfer des DAI KOMIO.

Sie werden genauso angewandt, wie alle anderen Mantren, indem man sie neunmal in Gedanken wiederholt.

CHOKU REI

Das erste Mantra „CHOKU REI" dient zur Erdung, also zur Verbindung mit Mutter Erde. CHOKU REI wird Schokuh Reh ausgesprochen.

Gehe mit Deiner Vorstellungskraft in Deine Füße, fühle Deine Füße und rezitiere in Gedanken mindestens neunmal CHOKU REI. Dann fühlst Du Dich in Dein Hara hinein und rezitierst wiederum in Gedanken mindestens neunmal CHOKU REI. Fühle nun Deine Hände und rezitiere nochmals in Gedanken mindestens neunmal CHOKU REI. Das hilft Dir mit beiden Beinen auf der Erde zu stehen.

Du kannst das Mantra CHOKU REI überall dort anwenden, wo Du Energie verstärken willst. Also auch bei der Eigen- und Fremdbehandlung. Sobald Du die Hände bei Dir oder bei einem Freund auflegst, fließt das Mantra und damit seine Kraft beim Rezitieren über Deine Hände in Dich bzw. in ihn hinein.

CHOKU REI - Kalligraphie

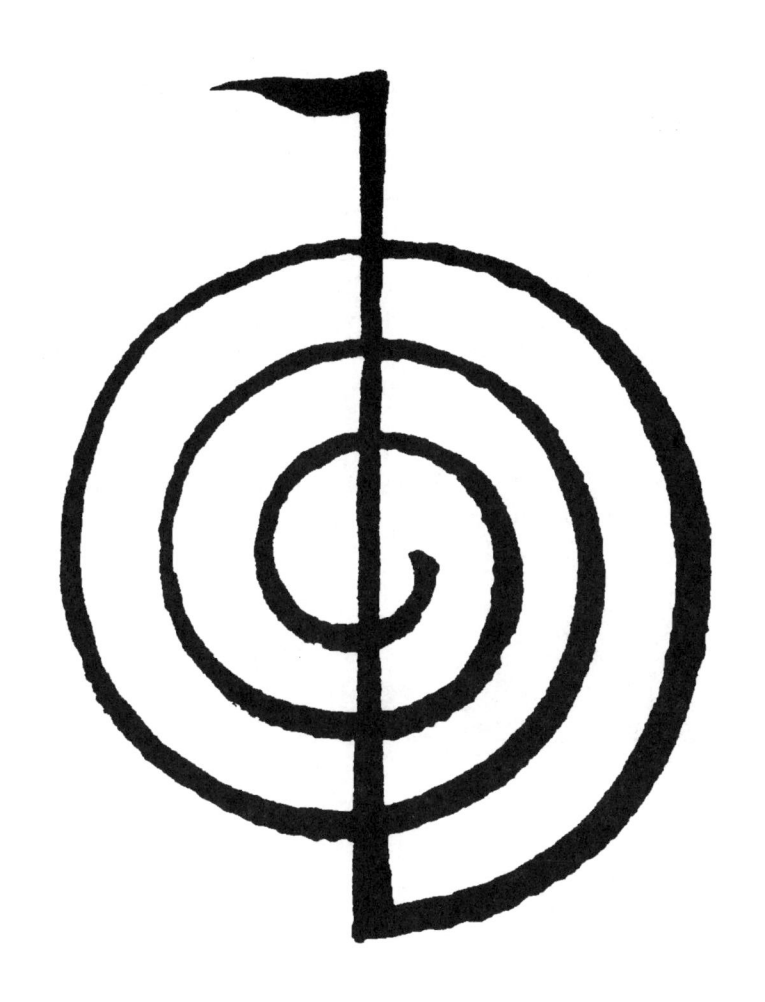

SEI HEKI

Das zweite Helfermantra des DAI KOMIO ist „SEI HEKI", die Harmonie. „SEI HEKI" wird Seh Heh Kieh ausgesprochen.

Hast Du Deine Wurzeln mit CHOKU REI in der Erde, kannst Du mit SEI HEKI harmonisch auf unserem blauen Planeten leben, da die Kraft des SEI HEKI zur Harmonisierung, zur Beruhigung dient.

Laß die Harmonie, laß SEI HEKI in Deine Knie, in Deinen Bauch, Solarplex, Herz, Hals und Stirn hineinfließen und genieße die Wohltat der Harmonie. Hineinfließen heißt, wie Du es schon vom CHOKU REI weißt, es an jeder Stelle in Gedanken mindestens neunmal zu rezitieren.

Du kannst das Mantra SEI HEKI auch bei jeder Behandlung anwenden. Immer dort, wo Du das Gefühl hast, daß dort harmonisiert werden möchte.

SEI HEKI - Kalligraphie

HON SHA ZE SHO NEN

Erfüllt durch das DAI KOMIO, geerdet durch das CHOKU REI, in Harmonie mit Hilfe von SEI HEKI, fällt es Dir jetzt so einfach die dritte Hilfe zu genießen: „HON SHA ZE SHO NEN".

„HON SHA ZE SHO NEN" wird Honn Schah Seh Schoh Nenn ausgesprochen.

Das Mantra HON SHA ZE SHO NEN ist eine Brücke durch Raum und Zeit. Es kann Dich mit allem verbinden, was Du liebst: mit Dir selbst als Kind, mit Ameisen, Atomen, Bäumen, Mitmenschen, Delphinen, Adlern, Bergen, den Elementen, den Sternen, Deinen Plätzen der Kraft, Deinem spirituellen Lehrer ...

Stell Dir einfach vor, mit was auch immer Wohltuendem Du Dich verbinden möchtest, rezitiere in Gedanken mindestens neunmal HON SHA ZE SHO NEN, so daß seine Kraft Dich mit dem Objekt Deiner Vorstellung verbinden kann. Verweile jetzt in dieser wohltuenden Verbindung so lange Du magst.

Ein sehr schönes Beispiel ist, ein Kinderfoto von sich selbst in der Hand zu halten, HON SHA ZE SHO NEN zu rezitieren und dann das Foto mit beiden Händen auf das Herzchakra zu legen. Wir nennen diese Übung „Frieden mit dem inneren Kind".

Wenn Du eine Fernbehandlung machen möchtest, stellst Du Dir einfach die zu behandelnde Person vor und rezitierst HON SHA ZE SHO NEN wie gehabt. Jetzt ist die Brücke zum anderen gebaut, der Kontakt ist hergestellt und Du kannst ihn mit Reiki und der „Kunst des Besprechens" behandeln, als ob er neben Dir sitzt oder liegt. Du kannst Dir auch vorstellen, daß Du ihn ganz zart und klein in Deinen Händen hälst oder er in Babygröße auf Deinen Knien ruht.

Fernbehandlungen sind in erster Linie dazu da, einem Mitmenschen Liebe und Lebensenergie zu schicken und das ist eine wunderbare Sache.

Die Kalligraphien, also die Schriftzeichen der vier Reiki-Mantren, haben keinerlei Bedeutung für die Reiki-Praxis. Dieser bildliche Ausdruck der Mantren hat aber, wenn Ihr sie Euch vergrößert zu Hause an die Wand hängt und sie vorher mit dem dazugehörigen Mantra aktiviert, eine wohltuende und herzerfreuende Wirkung. Die Kraft liegt immer und einzig allein im Mantra, denn „am Anfang war das Wort".

Die Schriftzeichen von SEI HEKI und HON SHA ZE SHO NEN werden in der Reiki-Szene höchst unterschiedlich gezeichnet. Uns liegen jeweils über zwei Dutzend Varianten vor.

HON SHA ZE SHO NEN - Kalligraphie

Erfahrungen mit diesem Buch:

Die beiden Autoren arbeiten seit sieben Jahren sehr erfolgreich mit den beschriebenen Methoden. Seit dieser Zeit weisen sie ihre Patienten in diese Techniken ein. Ehemalige Studenten haben auf ihre Anregung hin die Reiki Bestseller „Das Herz des Reiki" und „Reiki Feuer" geschrieben. Mit diesen Büchern wurde die Öffnung des Reiki für jedermann angestoßen und vorbereitet.

Wir möchten Sie nun bitten, Ihre Erfahrungen mitzuteilen. Wir sind überzeugt, daß Ihre ganz persönlichen Gefühle, Gedanken und Erfolge für all die anderen Anwender dieser Techniken interessant sind.

Die Erfahrungsberichte geben wir als Buch heraus. Bitte unterstützen Sie dieses Buch mit Ihrem Beitrag.

Weitere Bücher vom selben Autorenteam:

Die Kunst des Besprechens
erschienen im:
SATORI-Verlag Regensburg
Postfach 10 07 07
D - 93007 Regensburg
Tel. 0941/ 799 45 70
Fax. 0941 799 45 72
DM 24,30/ ATS 177,00

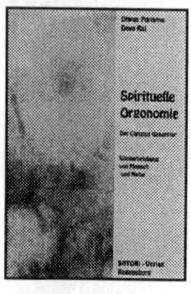

Spirituelle Orgonomie
erschienen im:
SATORI-Verlag Regensburg
Postfach 10 07 07
D - 93007 Regensburg
Tel. 0941/ 799 45 70
Fax. 0941 799 45 72
DM 24,30/ ATS 177,00

Im Garten des Meisters
erschienen im:
SATORI-Verlag Regensburg
Postfach 10 07 07
D - 93007 Regensburg
Tel. 0941/ 799 45 70
Fax. 0941 799 45 72
DM 24,30/ ATS 177,00

Der Stein der Weisen
eine Zusammenfassung der o.g. Bücher.
erschienen im:
Licht-Quell-Verlag Regensburg
Postfach 10 10 20
D - 93010 Regensburg
Tel. 0941/ 79 38 42
Fax. 0941 79 49 10
DM 24,30/ ATS 177,00

SHG-Alternativ

Sehr geehrte Damen und Herren,

wir möchten uns an dieser Stelle als Selbsthilfegruppe vorstellen.

Die SHG besteht seit 1994 und sollte bei der Gründung den Anwendern der Orgon-Energie ein Forum bieten.

Im Laufe dieser vier Jahre hat die SHG sechs umfangreiche Broschüren (Info-Brief 1-6), fünf vertrauliche Videos, 15 Seminarvideos und viele Seminare und Vorträge organisiert.

Seit Gründung der SHG sind die Themenschwerpunkte breiter gefächert und eine Aufsplittung in Untergruppen war sinnvoll, wie z.b. Orgon und Radionik, Nullzonenenergie, Reiki, Wasser, freie Energie und Lichtnahrung/Jasmuheen.

Die alternativen Methoden brauchen ein Netz, das den Austausch und die Forschung ermöglicht sowie den Erfahrungsaustausch untereinander fördert.

Keine Beitragspflicht, keine Kündigungszeit

Die SHG ist aktiv.

Die einzelnen Arbeitskreise organisieren Seminare, Workshops, Treffen und Austauschabende.

1 Orgon und Radionik
2 Lichtnahrung und Jasmuheen
3 Wasser (Trinkwasser, Wasserbelebung usw.)
4 Nullzonen Energie
5 Bewegungsgeräte zur feinstofflichen Anregung
6 Austauschgruppe Heilpraktiker und Ärzte
7 Freie Energie
8 Reiki
9 Alternative Landwirtschaft
10 Mystik - der direkte Weg

Bitte empfehlen Sie uns bei Ihren Freunden weiter!
Probehefte und INFO unter folgender Adresse:

SHG-Alternativ	Tel. 0941/ 799 45 70
Postfach 10 07 07	Fax 0941/ 799 45 72
93010 Regensburg	

Orgonomische Hilfsmittel

erhalten Sie über die Wu-Wei Auslieferung. Fordern Sie eine Übersicht der lieferbaren Teile an:

Wu-Wei Auslieferung
Postfach 10 10 20
D - 93010 Regensburg

Tel. 0941/ 79 38 42
Fax. 0941/ 79 49 10

Musik zum Buch

„Der Stein der Weisen"

eine wunderschöne Musik, fein und liebevoll abgestimmt auf die Reiki Selbsteinweihung
Die Kunst des Besprechens
und
Die Christusmeditation.

SATORI-Verlag Regensburg
Postfach 10 07 07
D - 93007 Regensburg
Tel. 0941/ 799 45 70
Fax. 0941 799 45 72